# Igalelo likaMaJobe

## Thokozile Sithole-Motloung

# Izinkondlo zesiZulu

www.bhiyozapublishers.co.za

# Igalelo likaMaJobe
# (MaJobe's Contribution)

Bhiyoza Publishers (Pty) Ltd

Johannesburg, South Africa

Bhiyoza Publishers (Pty) Ltd
PO Box 1139
Ridgeway
2099

Email: info@bhiyozapublishers.co.za
www.bhiyozapublishers.co.za

First edition, first impression 2020
ISBN: 978-0-620-87856-2
Cover design: Yanga Graphix (Pty) Ltd
Layout and typeset: Yanga Graphix (Pty) Ltd

# Okuqukethwe

## Amazwi omlobi

Leli qoqwana lezinkondlo, ngililobela isizwe, ikakhulu umndeni wami nezizukulwane zami. Baze babe nomuzwa wokuthi umama noma ugogo wabo ubeyibuka kanjani impilo. Leli bhukwana liqukethe imizwa enginayo ngengqikithi yenkondlo nenkondlo.

Ngizothanda ukubonga kakhulu uMnu. Menzi Thango umfoka Jiyane obehlale njalo engigqugquzela ukuthi ngibhale ngiveze ilaka lami. Ngibonge udadewethu uNomkhosi Qondeni Sithole umtaka Hlabeyakhe, oyijaji Enkantolo Enkulu eThekwini obengikhuthaza kakhulu ngesikhathi ebona ukuthi ngibhala leli qoqo lezinkondlo. Nezingane zami, oTebello, Teboho, Hlohonolo noLehlohonolo ngizibonga kakhulu ngethuba ezingiphe lona ngihleli ngedwa ngingabanakile, ngilibele ukujula ngemicabango ngigalela kulo msebenzi.

Ngiyabonga, kwande!

## Sokhaya

Ngiyazisa ngosokhaya wami,
Wawa umuthi omkhulu,
Ithemba lami,
Indoda emadodeni,
Usomaqiniso ababayo
Ongancenge kwethenjwa
Umondli nomthandi womndeni.
Ubaba wabantwana bami.

Wangishiya Sokhaya,
Ngasala ngincela isithupha,
Ngasala ngizibuza imibuzo engenampendulo.
Ubungumthunzi lapho umndeni wakho
Bewuphumula khona
Ubuyinsika yekhaya.
Ubuzimela izinto zomndeni wakho
Kanti nabasekhweni ububanakile
Walala Mojatsupa,

Nsizwa yakwaMotloung.

Isigodlo sakho sisele ze
Izingane zakho zasala zinkemile
Zikhuluma ngawe sengathi ziyakubona.
Ubuyimbiza echichima ulwazi
Kungelona ulwazi lwencwadi
Kodwa ulwazi lwendalo
Wawukhaliphile okwendalo,
Lungafakwa kodwa lubuya nodaka,
Hawu! Ngesithandwa senhliziyo yami.

Sokhaya wami.
Wabopha imithwalo ungavalelisanga,
Sincelile ulwazi kuwe,
Amasiko omndeni usifundisile,
Isibongo usichazile,
Amankonyane akho ancela atshakadula,
Aphunyukwa umbele usasemlonyeni.
Nanamuhla sisasho isililo ngawe
Izinyembezi zeminyaka,
Sekuwukubhongela emswanini.

*Ikhasi 7*

Kufa uyinswelaboya,

Uyiselelesi uqobo,

Sona ezishaya indiva,

Izinyembezi zezingane nomfelokazi.

Inhliziyo ayamukeli futhi,

Ayisoze yamukela,

Igugu lami, isithandwa sami.

Sisithele ngale kwezintaba

Ngoxola mhla saphinde sahlangana.


Lala nsizwa yakwaNape,

Masolwane Sewutawuta.

Izinyembezi ziyageleza.

Usizi lubhalwe emehlweni

Lala sithandwa sami

Sohlangana ekuseni.

# Qhawekazi

Ndoni yamanzi, mabuhle,
Ntokazi yakwaJobe,
Ezalwa yintombi yaseMayezeni
Nensizwa yakoSithole.
Ukhule uhlwempu nomndeni wakho,
Wazisikela kwelinonile,
Waqoma imfundo,
Yebo, umkhakha wezomthetho.
Waqombola imiqansa yasoNgoye,
Uzicijela wona belu.

Nomkhosi, waphakamisa umuzi wakwenu,
Kuye kwazamazama i-Mpumalanga,
Ulundi, iNdwedwe,
Mzumbe, iPhayindane, iKapa, iPitoli,
ITheku lonkana, uMgungundlovu,
Naphesheya kwezilwandle i-Australia
Ubashuka ngezomthetho,
Babuzana befakana imilomo.

Abezamaphephandaba ngamacala,
Ngezigwebo zakho K.Q. Hadebe.

Qondeni, uqondephi?
Uqale ungumeluleki wezomthetho
Waba ngumshushisi,
Waba yimantshi,
Namhlanje uyijaji,
Wagiya waqephuza eMidrand
Lapho ijaji elikhulu likupheka likuthulula ngemibuzo,
Ngisho yena phela uJaji Mogoeng Mogoeng,
Latholakala ijaji lomuntu omnyama wesifazane,
Yalilizela iNingizimu Afrika
Ngeqhawekazi elimnyama,
Okuyingqayizivele kuleli lakithi.

Uyisihlangu esigiya ngaso,
Umndeni, izihlobo, nabezizwe,
Bonke bayancela kulo mbele,
Ohlale ugwansile,
Nemihambima ezimpambanamgwaqo
Nayo iyahlomula kuleli qhawekazi,

Pho, sifunani?
Asimthwese uphaphe lwegwalagwala
Esadla anhlamvana.


Ukhiphe abafundisi basemasontweni,

Nezikole zihlomulile kule ntokazi

Ngisho o-ComTech,

Nathi singabanye abahlomulile, kulo mbele

Qhawekazi uyinkomazi esengwa yiviyo,

Awunamona, ufuna sonke siphumelele.

Namuhla uyijaji

Ugweba kuxege amadolo endodeni

Ungena enkantolo yakho

Kusukume wonke umuntu.


Qhawekazi lami!

Ngiyaziqhayisa ngawe

Izigwebo zakho,

Aziphikiswa, ngenxa yolwazi olunzulu,

Bagwebe njalo ntombi kaHlabeyakhe,

Ngqayingqayi yezemithetho.

Phambili mtakaZonke!

Unwele olude!

## Baba wami

Ngisho kuwe nsizwa yaseXopo,
Le eHluthankungu,
Ephuza emfuleni iNhlosana,
Hlabeyakhe, mtakaZonke
Ngiyakhuleka kuwe Sithole,
Jobe, Mondise kaMatshana,
Insizwa eyayinamandla asabekayo,
Ibhubesi uqobo.

Baba, mzali wethu,
Ubusithanda nakuba ungenalutho
Wangemulisa baba,
Ngathola abantwana emzini,
Ubusebenza kanzima komeselandi,
Unomoya omuhle Mthembu,
Ukhuthele Mvelase,
Nezimpande futhi uzazi kakhulu.

Jobe siyabonga

Wasifuzisa ngezitho ezinhle,
Amazinyo amahle, nokuma kahle,
Nebala elingamune.
Zof 'izinsizwa kusale izibongo,
Ziyadela lezo ntuthwane,
Ezidla leli qhawe.
Asikho esiguga namaxolo aso,
Ezinsukwini zakho zokugcina,
Ngathola ithuba lokuzongela wena,
Njengoba ngiyithunjana lakho,
Lapho usubuthakathaka,
Ngaba nesikhathi sokuxoxa nawe,
Ngobunzulu bempilo.
Ngazama ukukukhombisa uthando,
Nawe futhi wabonisa uthando,
Wawulokhu ukhala njalo ngodadewethu,
Nabafowethu, ubabuza bonke.

Wangibonisa uthando oluyingqayizivele
Lapho usukhala,
Ungafuni ukubuyela eXobho,
Yebo–ke kufa

Wasithathela ubaba wethu,

Lapho sisezwa imfudumalo

Yokuncela ulwazi kule mpunga,

Kuqaqamba inhliziyo,

Lapho ngizindla ngawe Mthembu.

Konke kuqediwe Jobe,

Sohlangana kwelizayo.

# Amanzi amponjwana

Maye! Manzi amponjwana,
Hlobo luni lolu lwamanzi?
Uqeda amahloni kubantu,
Uqaq' amalimi, bakhulume.
Ukhiphise abantu amaqiniso,
Ulethe usizi bakhale
Kuvuke ubukholwa
Ubugagu bona? Kuculwe kuse.

Manzi amponjwana,
Bathi uma sebekudlile,
Bampongoloze ngengila,
Baqhube imbuzi,
Bahlambalaze, balwe,
Kuphele izimfihlo,
Nenyaniso iyaziphumela,
IsiNgisi siphume ngamakhala.

Manzi amponjwana,

Wenza umqondo udideke
Ulibale ngezinkinga,
Umuntu uzizwa ekhululekile,
Abakuthatha ngamawala,
Ubathole sebehhema.
Uzibuze ukuthi, kazi iyozala nkomoni?

Manzi amponjwana,
Unamathuna akho, unezixwala,
Imizi eminye ivaliwe,
Izingane yizinkedama, oyise bephila.
Kazi wavelaphi tshwala ndini?
Intsha iphenduke amakhehla nezalukazi.
Lapho buthi qwebu sekonakele.

Manzi amponjwana,
Uzwakala umnandi,
Kodwa imiphumela ayinjalo,
Saphela isizwe yilolu bhubhane,
Izingane ziphanga umdaka linganile.
Ngokufuna injabulo yesikhashana,
Ngenelela Mvelinqangi!

*Ikhasi 16*

## Imvelo

Uyisimanga we mvelo!
Ungumadida empilweni yethu,
Zonke izinto ziyashintsha,
Ukufa nempilo okwakho
Uthando nenzondo okwakho,
Ubucebi nobuphofu nakho ngokwakho.

Empeleni kanti mvelo unhloboni?
Ubuhlungu baleli zwe nabo yimvelo,
Ukujabula nakho futhi yimvelo
Usizi lokufelwa nalo kuseyiyo imvelo.
Impi yempilo nayo ngeyakho.
Uyisimanga mvelo,
Awuchazeki isimo sakho.

Mvelo uyini?
Ungumuntu? Ungumoya?
Ubusika, ihlobo yimvelo
Ukuziphatha kahle noma kabi,

Kuseyiyo belu imvelo
Isililo, uhleko imvelo.

Ziyime emthumeni,
Asazi ukuthi mvelo ndini uyini.
Izilwane, abantu,
Izitshalo, amahlathi yimvelo.
Mvelo umtoti futhi, uyababa,
Zonke izingqinamba zivela kuwe,
Kanti nezixazululo nguwe
Uthakwe ngani mvelo ndini?
Yebo-ke mvelo
Konke okuphilayo,
Phansi komthunzi welanga yimvelo
Zonke izimo ezikhona yimvelo
Siyakuvuma mvelo!

# Umvalelwandlini

Maye! Saze sakubona sakubeletha,
Asisakwazi ukuya ezitolo,
Asisayi ezinkonzweni,
Sivalelwe ezindlini,
Sesibona izwe kumabonakude,
Silalele namawayilensi
Emigwaqeni akusadumi lutho.
Nezihlobo zethu asisazingcwabi.
Yilo mvalelwandlini.

Sifo sini lesi, Corona Virus?
Siphumaphi?
Sithunyelwe ngubani kuleli?
Umashayabhuqe,
Akathathi sikhathi,
Wamthinta nje umuntu usesithathile
Wakhwehlela, wathimula,
Kazi iyozala nkomoni?

Izingane aziyi ezikoleni,

Abazali nabo abasebenzi,

Ikati selilele eziko.

Uhulumeni uyazama,

Kodwa akanazo zonke izimpendulo.

Amanzi amponjwana nawo avaliwe

Ubungqayingqayi kulabo abazidlelayo.


Lafa silibhekile.

Abakwalizwi babeyibholofithile le ndaba

Pho, usahlaleleni?

Lungisa indaba yakho noMdali.

Ibomvu indlela ivuliwe.

Leli gciwane alikhethi bala, kanti,

Lidla fumuka, lidle silaza.

Kazi mhla saphuma ngaphandle,

Sobe sisaphelele na?

Noma sobe sesandile.

Ngenelela Mvelinqangi!


Saphela isizwe sakho.

Maye! Corona Virus,

Ngiyazisa ngezingane zethu,

Amahlongandlebe ayehla ayenyuka ezitaladini.

Nakuba uhulumeni eseshilo,

Ethi, masihlale ezindlini

Sizivalele ezindlini.

Silinde ikhambi, laleli gciwane.

# Umendo

Umendo awuthunyelwa gundane,
Umendo uyisiko lethu lesintu,
Uyashiya kwenu,
Uye emzini ongawaziyo,
Kwamfazi ongemama,
Lapho ongazi impatho yakhona,
Uyathandwa yisifazane,
Abaningi uyabehlula.
Ungumkhumula sidwaba,
Ungugoba amashinga.

Mendo uyindalo,
Mendo uyisibusiso,
Konke okomndeni, kuqala kuwe.
Abantwana batholwa sebekuwe,
Izilima, izixhwala zalo muzi,
Ziqoqwa yilo muntu ozogana.
Mendo uyabangwa,
Umakoti nomamezala.

Umendo yisipho soMdali,

Umendo awutotosani,

Ufuna abantu abayaliwe emakhaya,

Umendo ukuqinisa ukhakhayi,

Ukhulisa umqondo,

Akusiwo owabantu ababili,

Kodwa imindeni yomibili iyangenelela.

Mendo uyini kanti?


Ihlonipha nalapho ingeyokwendela khona,

Akekho osuke azi ikusasa lakhe,

Ungawushayi umendo ngetshe,

Umendo uwubizo.

Umendo uyisibusiso.


Ezinsizini zakwamhlaba,

Nawe mendo uneqhaza,

Umendo akulona uthando lodwa,

Ukwakha umuzi.

Owesifazane nowesilisa,

Banamathelana njengenomfi.

*Ikhasi 23*

Kujabule izimpunga,
Ngokuvuka kwekhaya.

Mendo umuhle kwabanye,
Kanti umubi kwabanye.
Induku ayiwakhi umuzi,
Inhlonipho iyawumisa umuzi.
Umendo akuyona imali nengcebo.
Ukuzibophezela kwababili
Bakhe umuzi.

# Ihlongandlebe

Indlela ibuzwa kwabaphambili,
Ukungalaleli ukhuzwa, uboniswa,
Uyalwa ngendlela okuyiyo yokuziphatha.
Kuzala ukukhala nokugedla kwamazinyo.
Ukuziphatha, ufune kugcine elakho,
Bayalibeka abantu abadala,
Nawe uyalibeka
Uzilandela iziqalekiso.

Umhlaba uyahlaba,
Ufuna unyathele ngesizotha,
Okwenzayo uzenzela wena,
Kulula ukalahlekelwa yisimilo.
Kunzima kodwa ukusibuyisa.
Izivunguvungu zempilo,
Zifuna umuntu oqinile,
Owaziyo ukuthi ufunani empilweni,
Angavumi zidlule naye.

Yiba nendlebe uma utshelwa,

Izikhukhula zempilo zizodlula nawe,

Uma untengantenga uzilawula.

Umvuzo wokungalaleli,

Ukushaywa umhlaba.

Ube umhambuma,

Umtshingo ubethwa ubani.

Uma utshelwa ube yisinqawunqawu,

Izeluleko uzifele ngamathe.

Uyozisola selikushonele.


Hlongandlebe ndini!

Uyovuswa umlilo wequbula

Uyilabatheka, uziphethe.

Isala kutshelwa sibona ngomopho,

Hlongandlebe ndini!

Ngeke ukhule,

Hlonipha uyihlo nonyoko,

Ukuze izinsuku zakho zande ezweni.

Lapho izimpunga sezikudelile

Hamba juba bayokuchutha phambili.

# Ubuntu

Ubuntu uzwelo unembeza nokukhathalelana,
Umuntu, umuntu ngabantu,
Siza omunye umuntu,
Umazi ungamazi
Iba nozwelo kubantu
Lalela unembeza wakho,
Umuntu yisidalwa sikaMvelinqangi.
Iba nobuntu kwabanye abantu.
Unyawo lwabasha luyaphindana.

Ikusasa alaziwa kanti,
Izandla ziyagezana.
Siza odingayo, nawe uyosizwa
Lalela okhalayo
Kuyophela, siyofana
Iba nonembeza,
Iba nezinseko,
Namuhla yimi, kusasa nguwe.

Iba nobuntu kwabanye abantu,
Uzwelo, uthando,
Usizo, ukuzidela,
Yelula isandla,
Phosa itshe esivivaneni
Okwenzayo uzenzela wena
Unyawo alunampumulo.

Ubuntu bakha umuntu
Ubuntu bakha isizwe,
Ngobuntu bakho,
Kungashintsha impilo yabantu
Akukho thusi lathetha lilodwa,
Abantu bayadingana.

Bonisa Ubuntu,
Khipha omunye umuntu enkingeni,
Inxeba lendoda alihlekwa,
Uhlale wazi ukuthi,
Nalapho kungenaqhude khona,
Kodwa kuyasa, liyavela ilanga.
Asibe nobuntu,

Sakhe isizwe,

Isizwe esiphilayo.

Ubuntu, umgogodla,

Wanoma yisiphi isizwe.

Ubuntu mabande.

# Umhlalaphansi

Impilo ihamba, ihambe,
Ifune uphumule
Nomzimba uya ngokukhathala
Uma kuhamba iminyaka.
Hlala phansi uphumule
Udle izithukuthuku zakho,
Ozijulukele iminyaka,
Manje vuna obukutshalile.

Umhlalaphansi,
Phumula, yeka ukuzikhandla
Lalela umzimba wakho
Lapho wetshisa,
Iminjunju yeminyaka.
Zisule umjuluko owomelele,
Zikhothe amanxeba eminyaka.
Zivocavoce, uncenge lo mzimba,
Okhandleke iminyakanyaka.

Umhlalaphansi yisibusiso,

Bonga uMvelinqangi

Bonga leli thempeli okulo

Gcina izifiso zakho,

Okade uziphupha

Usuphumile ebugqileni,


Isiganele esokeni,

Akuye ngawo amagama enkehli,

Zijabulise njengoba ubufisa,

Ithuba lakho manje.

Mhlalaphansi umuhle

Uthula imithwalo yeminyaka,

Uyithuba lesibili empilweni,

Mhlalaphansi udla ubhedu,

Hlala phansi, phumula!

Ubonge uMdali nabakini.

## Impi yomoya

Impi yomoya
Impi elwa buthule
Umzwangedwa
Umoya uyangqubuzana,
Imibono ayivumelani,
Kuyaxokozela ngaphakathi.
Iyalwa ingabonakali.
Izixazululo azikho
Akuboniswana namuntu.

Inkomo edla yodwa
Akekho owaziyo,
Ngokuqhubekayo, ngaphakathi.
Uyazibuza uyaziphendula.
Okuzibophile, kuyozikhulula kona.
Iyalwa impi ngaphakathi,
Amafindo abophekile,
Akunalusizo olukhona,
Inzondo nayo ibhokile,

*Ikhasi 32*

Akukho okuhle okubonayo.
Konke nje yimpi.

Lena yimpi kamabuyaze,
Udlinza ubusuku bonke,
Uyacabanga awuqedi,
Uyathatha uyabeka.
Uthathe izinqumo,
Uphinde uziqhale wena.
Kuyaliwa ngaphakathi.
Isitha somuntu
Nguye uqobo lwakhe.

Impi yomoya
Uthi umuntu uyaphila,
Kanti kade afa ethule.
Uxolo alukho,
Kodwa unya nje kuphela.
Ohlangana naye nje
Uyamzonda, uyamsola.
Akazi lutho ngempi yakho
Naloku okukudlayo.

Impi yomoya

Inhliziyo igaya izibozi

Inhliziyo iphenduke umthakathi,

Khuluma ungafeli ngaphakathi

Ingane engakhali ifela embelekweni.

Impi yesifuba,

Impi yomoya iyabulala

Ngiyayesaba impi yangaphakathi.

Impi engaziwa umuntu

Yakho wedwa.

# Zihloniphe

Zihloniphe ze umhlaba ukuhloniphe,

Hamba ngesizotha emhlabeni,

Ungenzi noma ikanjani,

Hlonipha izwe,

Hlonipha omdala,

Hlonipha omncane.

Kukwamhlaba lapha

Uzovuna okutshalile.


Zihloniphe ngenkulumo,

Zihloniphe ngezenzo,

Izwe likubhekile,

Lizobuyisela kuwe

Lokho okwenzile.

Yenza lokho ofuna,

Kwenziwe kuwe.

Zithobe kulo mhlaba,

Kuhlonishwa kabili,

Zihloniphe, uzohlonishwa.

Umhlaba unonya,

Uma ungazihloniphi.

Qaphela uhamba nobani,

Nenzani, nikhuluma kanjani.

Qondisa izindlela zakho,

Qoqa ulimi lwakho

Khetha amagama uma ukhuluma

Zihloniphe, izwe lizokuhlonipha.


Iba nesimilo

Izwe likubhekile

Lizokunika umvuzo omkhulu

Likwethwese uphaphe lwegwalagwala

Hlonipha uMdali,

Hlonipha uyihlo nonyoko.


Indalo izokuhlonipha.

Hlonipha impilo yabanye abantu,

Zotha kukho konke okwenzayo.


Umhlaba uyahlaba,

Yenza ofuna kwenziwe kuwe.

Izandla ziyagezana.

Unyawo lwabasha luyaphindana

Kukwamhlaba lapha,

Iso ngeso.

Uzovuna okutshalile,

Hlonipha uzohlonishwa.

## Umngani

Hlobo luni lomuntu lolu?
Umngani esinye isidalwa esehlukile
Isidalwa esingaqondakali.
Seniyinhlaba nogwayi,
Izithupha ziy'egwayini,
Umngani ufuna wenze lokhu akufunayo
Ufuna uhlale ucela usizo kuye,
Umngani ngeke
wamqonda.


Umngani akafuni umedlule,
Ngokwazi, nangempilo oyiphilayo.
Ufuna uthande abathandayo,
Uzonde abazondayo.
Uvumelane naye zinkathi zonke,
Nalapho esephaphalaza.
Ubone ngeso lakhe
Uzwe ngemizwa yakhe.

*Ikhasi 38*

Hlobo luni lomuntu lolu?

Umngani awazi umcasula nini,
Ubona sewuyinyathele emsileni,
Kungani uhlale uncikile?
Ayikho indlovu yasindwa umboko wayo.
Umngani ungumkhohlisi,
Uyakuyekela uyowela eweni,
Abe esemela eceleni,
Lapho seziyime emthumeni.

Vula amehlo!
Ukhethe umngani weqiniso,
Angakuholeli ophathe,
Qaphela, isitha esibi,
Yileso esiseduze nawe.
Khetha ngobuchule umngani.
Balimele abantu.
Ngenxa yabangani.
Abanye abangani abalungile
Yizimpisi ezigqoke isikhumba semvu
Khetha umngani weqiniso.

# Indlala

Umbulalazwe, uqede isizwe.
Indlala ibhokile
Imisebenzi ayibonwa,
Umnotho uwile
Imizi eminingi idla imbuya ngothi,
Ibhuqwabhuqwa yindlala.

Ikati lilala eziko,
Ibhodwe aliyi eziko,
Indlala idla lubi kubantu,
Sekuphilwa ngezimpesheni.
Asinamhlaba, akulinywa,
Impela indlala izinike amandla.

Ndlala ndini!
Ubulala isizwe,
Abantu baphenduke izilwane,
Amantombazane adayisa imizimba,
Ngenxa yendlala

Abafana nabo yimidlwembe.
Bazinikele kuzidakamizwa,
Yiyo belu indlala.
Amasela nawo athe bhe!

Indlala isilibulele izwe,
Iqede nesimilo kubantu,
Izingane zigcwele emakhoneni
Zicela ukudla, nemali
Zibaleke emakhaya
Zibalekela yona le nsambatheka.


Ndlala ndini!
Ungumashayandawonye,
Singakunqoba kanjani?
Maye ulibolisile izwe,
Kazi iyozala nkomoni?
Soyiyicela ivuthiwe
Lafa silibhekile,
Kwala noma sebefundile
Kanti yisiphi isikhali

*Ikhasi 41*

Esokunqoba ngaso

Ndlala ndini?

## Amaphupho

Amaphupho umkhombandlela,
Izifiso ezisenhliziyweni,
Yizo ezivula indlela.
Yizo ezikhuthazayo,
Zigqugquzela ukuthola,
Lokho okuyiphupho lakho.

Umuntu ongenamaphupho,
Akanazifiso ngekusasa.
Phupha ukuze ulwe,
Ulwelele ukufeza amaphupho akho.
Ukuba nephupho,
Yikho okuvula indlela yakho.
Eya ampumelelweni.
Yikho okwenza uhlale usethembeni.
Ithemba lokuzuza,
Okulangazelelayo.

Ikusasa ulifikelela

Ngenxa yezifiso enhliziyweni,
Ufise uze ubone usuyizuzile,
Le nto oyifisayo.
Ithemba alibulali,
Phupha njalo nje,
Ujule ngemicabango,
Ukuphupha ngezifiso zakho,
Kukukhuthaza usebenze kanzima,
Ukuzuza lokho okufisayo.

Ukuphupha ngezifiso,
Yikho okukwenza ukwazi,
Ukumelana nezivunguvungu.
Zabalaza unqomfe,
Ukuze uqwale intaba,
Uze uyofika esicongweni
Sezifiso zakho usaphila.

# Emigwaqeni

Kuyaphithizela kuyanyamfuka,
Phansi phezulu,
Akekho obuza omunye,
Yilowo nalowo uphokophele,
Ezinkingeni zakhe,
Nokubingelelana akukho,
Abanye bakhuluma bodwa,
Abahamba ngababili,
Bayagegetheka bayampansana.

Yisemigwaqeni lapha,
Umuntu ubheke ezakhe,
Emakhoneni naba,
Bacuthile otsotsi.
Benza sengathi abanake lutho
Bantantatheke bambongoloze,
Sebebanjwe inkunzi phela.
Zidle phansi izinswelaboya.

Kuyaphuthunywa lapha,
Abanye baya kodokotela,
Ezinkantolo, emahhovisi, emabhange,
Izinkinga zonke zomhlaba,
Ziphelele lapha emigwaqeni
Nemihambima iyashabasheka,
Abanye bahleli phansi,
Bacela imali,
Awazi noma bakhubazekile,
Noma amaqhinga nje.

Imigwaqo ingaxoxa enkulu indaba,
Noma sekuhlwile,
Kusalokhu kuphithizela,
Amantombazane azodayisa,
Uqobo lwawo emakhoneni.
Nezimoto azizibekile phansi,
Yizo ezivika abantu,
Bona abazigqizi qakala.

Ayikho inkomo yobuthongo,
Kuphithizela nje,

Kuyiwa emisebenzini.

Khona belu emigwaqeni,

Impi iyasuka,

Kuphume izikhali.

Kukhona abahlala khona,

Emigwaqeni, kusekhaya kubo.

Akukho okungekho lapha.

Uhlanza ngedela,

Kusemigwaqeni-ke lapha.

## Ulwazi

Ulwazi luhle, lubi.
Ulwazi lungamandla empilo,
Uyathuthuka ngolwazi,
Lukhulisa isizwe, umnotho.
Luvula amehlo,
Luqeda ububha,
Isihlangu sokuzivikela.
Lubuyisa okungokwakho
Luqeda impi yethumbu.

Lwazi umuhle,
Futhi ungaba mubi,
Uma bekusebenzisa kabi.
Ungenza umuntu,
Azikhukhumeze,
Abukele phansi abanye,
Abe yiqili, ngoba nje enolwazi.
Lwazi uyiliphi, ngempela?

Lwazi ungumcebo,

Izwe lingaba sezingeni,

Lapho liphethwe

Abanolwazi olunzulu,

Kanti ukwazi kakhulu kuyingozi,

Futhi nolwazi oluncane luyalimaza

Lwazi umi kuphi?


Onolwazi uyahlomula,

Onolwazi uyagebenga,

Yiza uthole ulwazi,

Funda uthole ulwazi

Buza izimpunga zikucobelele.

Sebenzisa kahle ulwazi lwakho.

Ukuze lungakujikeli lukulimaze.

## Izolo

Izolo lidlulile,
Impilo iyaqhubeka,
Izolo bekukuhle konke,
Kusindwe ngobethole,
Namuhla lishone emini,
Izolo ngeke lisabuya
Ngeke lihlehlele emuva,
Ngeke uphinde ulibone.

Izolo alisoze labuya,
Lidlulile namathuba alo,
Ikusasa likulindile
Namathuba amasha,
Qhubeka nezinsuku,
Qhubeka nokukhanya.
Likhalile iqhude izolo,
Lizokhala futhi nakusasa.

Ukube........ngabe,

Ngeke kusasiza libala ngezolo,

Vuka uzithathe,

Zithintithe izintuli,

Ubheke phambili,

Uqhubeke nekusasa lakho.

Indoda iwa namhlanje,

Kusasa ivuke izithatthe.


Hamba zolo,

Nabo bonke ubuhle bakho,

Nabo bonke ubuhlungu bakho.

Nayo yonke injabulo yakho.

Ukube kuyayiwa emuva,

Ngabe iningi liyahlehla

Lilungise amaphutha ayizolo.

Bheka phambili

Liyakubiza ikusasa.

## Ithemba alibulali

Yeka ukukwethemba kwami,
Yeka isiqiniseko ebenginaso,
Ukuzikhohlisa ngawe,
Ukwethemba konke okushoyo,
Kanti ungibambisa uboya bentenentsha,
Ukubamba utalagu,
Ithemba liyaphilisa,
Hlala ethembeni,
Noma kungalungi,
Impilo yona, iyaqhubeka,
Ulokhu uthi kuyalunga.

Ithemba lona liyaphilisa.
Ithemba lenza izinto zibelula,
Ithemba limelana nazo zonke,
Izivunguvungu zomhlaba.
Amafindo ayaqaqeka,
Ngenxa yokwethemba.
Ithemba liletha injabulo,

Lapho kunongabazane khona.

Ithemba alibulali,
Noma isimo sisibi
Ithemba lithi kuzolunga,
Noma kufiwe,
Ithemba lithi akulahlwa mbeleko ngokufelwa.
Ezimpini zemindeni,
Ithemba lithi,
Impi yomndeni ayingenwa.
Ezinkathazweni zezwe,
Ithemba lithi,
Izixazululo zisendleleni.
Ithemba lidlala indima enkulu empilweni,
Ithemba yilo elenza impilo,
Iqhubeke ebunzimeni
Ukuhlala ethembeni
Kwenza ubunzima uthi ububona,
Kodwa ubushaye indiva,
Ngenxa yenkolelo,
Yokuthi kuzodlula,
Futhi kuzolunga.

*Ikhasi 53*

Ithemba-ke lelo.

Ithemba alibulali,

Kodwa liyaphilisa.

# Iminjunju yothando

Uthando luyinto enhle,
Uma kungolweqiniso.
Uthando lubuhlungu,
Uma kungelwenkohliso.
Ubuhlungu bothando,
Olunganxanye koyedwa,
Kuhlale kuyiminjunju,
Kuphela enhliziyweni.

Uthando yinto yababili,
Abanezinhloso ezifanayo.
Uthando oluzwisa ubuhlungu,
Imihla ngemihla,
Uhlale uphiciza izinyembezi.
Uthando olunonya,
Oluhlukumezayo,
Egameni lothando.

Ubumnandi abukho,

Kulobu budlelwano, usizi kuphela,

Uhlale uncela isithupha,

Udliwa umzwangedwa.

Imicamelo iba manzi te!

Imihla namalanga.

Amanga, ubuqili,

Yisona sisekelo salolu thando.

Iyophela nini le minjunju?

Yothando mbumbulu.


Baze bazilengise impela,

Bazibulalele uthando olungekho.

Umuntu ongakufuni nhlobo,

Kazi iyozala nkomoni?

Iminjunju yodwa lapha.

Amanga ayabusa,

Kulobu budlelwano obuyimpicabadala,

Nenkohliso yemihla.


Maye! Iminjunju yothando,

Uthando oluletha usizi,

Ayikho indlovu yasindwa umboko wayo.

Nawe hlala nothando lwakho
Amathanga ahlanzela abangenamabhodwe
Uyathandwa, wena uyahlukumeza.

Ingwe idla ngamabala,
Wena awunakho okuhle,
Kodwa uyathandwa.
Ukubekezelela iminjunju
Yothando, akubuyiseli.
Bonke ubuhlungu,
Buya enhliziyweni.
Uthando olugcwele usizi,
Olunomunyu, inzondo,
Olugcwele iminjunju yemihla.
Isiphetho salo ukufa.

## Iso

Iso, ngabe hlobo luni,
Lwesitho somzimba lesi?
Isitho somzimba esingalaleli,
Umzimba okuso.
Iso alilawuleki,
Liyazibusa, lenza elikuthandayo.

Iso liwela umfula ugcwele,
Libheka nezinto,
Okungafanele lizibone.
Alikhuzeki noma,
Izinkophe zithi ziyalithiba,
Kanti yini le,
Engaka ofuna ukuyibona?
Iso liyamangaza.

Iso ngeso,
Iso alesabi nelinye
Iso lijulile kakhulu

Likwazi ukubona
Ingaphakathi lomuntu
Ngeso nje liyasho,
Uzizwa kanjani,
Ujabulile, ucasukile,
Ucabangani, uzwani.
Iso-ke lelo.

Ngaphandle kwalesi sitho,
Ngeke sawazi umhlaba.
Uletha ukukhanya,
Empilweni yethu.
Ukuvula amehlo nje,
Uzwa impilo,
Kubuye ithemba,
Lezi zifiso zethu.

Iso liwela umfula ugcwele.
Ubona izinto,
Ezisabekayo, ezingabonwa
Ubona nalapho uvinjelwe,
Ubona izinsizi zoluntu,

Ubona izimo zabantu

Ngokuphosa nje iso

Maye! Uyisimanga liso.


Liso uyisitho esincane,

Kodwa imisebenzi yakho,

Iyababazeka, iyamangaza

Udlala indima enkulu

Empilweni yabantu.

Lihlo uphethe umhlaba.

Uphethe impilo yabantu.

Lihlo, unguxamu kavinjelwa.

Liso uyamangaza.

# Impilo yimpi

Kunzima emhlabeni,
Uma nje usadla anhlamvana,
Usuke usasempini,
Ukuphumelela empilweni,
Uyakulwela kanzima.
Uma uzabalaza,
Abanye bakudonsela emuva.
Uma uhlupheka, bajabule.

Impilo inzima,
Konke kuza kanzima.
Noma uthi usuphumelele,
Izimfamona ziqale enye impi.
Uzabalaza uze uye egodini.
Alikho izinga lempilo elilula
Imiqansa yobunzima,
Ihambisana nawo amazinga okukhula.

Ukhula kanzima,

Noma usufundile,

Uthi usuyilwile, usuqhwandile,

Ngezandla zakho,

Zikulandele izinkinga.

Kanti lapha empilweni,

Akunakuphula na?


Impi yempilo,
Ilwa ize iyophela,
Phezu kweliba.
Mpilo, kanti uyini?
Uyahlukumeza, udonsisa kanzima,
Awunazwelo nhlobo.

Impilo yimpi,

Kuliwa uhlwempu

Kuliwe unothile.

Kuliwa uganile,

Kuliwe ungenabani.

Le mpi idla fumuka, idle silaza.

Yaze yaqansela impilo.

Wonke umuntu,

Ulwa impi yakhe ethule.

Impilo yimpi!

*Ikhasi 62*

# EMayezeni

Umuzi oyinxuluma wakwaMyeza,
USamuel noJosephina,
Badabuka le eNtimbankulu.
Bafudukela endaweni yaseHammersdale,
EMalangeni.
Yama ke le nxuluma
Yaziwa kakhulu umphakathi.

EMayezeni, inxulumakazi,
Kwazalwa lezi zintokazi nensizwa.
UNomama umafungwase,
Kwalandela uJennet, uMirriam,
UQueen, uMary, uSolomoni,
NoBongiwe onguthumbu.
Bakhula-ke bonke,
Kulo muzi wakoDimbane.

Le nxuluma yaseMayezeni,
Kwaba yisizwe,

Inxiwa lakwaMyeza,
Kwaqhibuka isikole
KwaMyeza, esaziwa kakhulu.
Nani boDimbane anibancinyane,
Umhlaba wonke uyalazi igalelo lenu.
Esitobhini sakwaMyeza,
Esikoleni kwaMyeza.

Yebo-ke zintombi,
ZakwaMzukwase,
Ezazala thina,
Siyabonga Nqabavu
Niyibekile induku ebandla,
Nikhulise nakhipha,
Ijaji, othisha, abahloli,
Abafundisi emaNyuvesi
Kwande eMayezeni
BoDimbane, Mzukwase,
Mpangela, Msani, Madlokovu!

## Ukuhlukunyezwa kwabesifazane

Imbokodo inzala bantu,
Isisekelo sesizwe,
Izinsika zamakhaya,
Uma kukhala isimame,
Akusoze kwalunga lutho.
Izinyembezi zabo,
Aziconsi phansi,
UMdali uyazikhongozela.

Sasho isililo
Somame nezingane,
Bahlukunyezwelani laba bantu?
Olwani lolu dlame?
Olubhekiswe komame nezingane
Ikhaya, likhaya ngomama.
Pho, kungani bebulawa?
Kungani bedlwengulwa?
Nabakwasidlodlo iyabehlula le mpi
Ifuna unembeza wabahlukumezi.

Indida nansi,
Bahlukunyezwa yizithandwa zabo,
Izihlobo zabo,
Abantu ababathembile,
Ukuthi bazobavikela
Siyaphi isizwe sethu?
Ubulwane obungaka!
Kubantu abangakwazi,
Nokuziphindiselela.

Wo hhe! Saphela isimame,
Kusho ukuphela kwesizwe,
Isizwe esizalwa yibo laba bantu
Abahlukunyezwayo nsuku zonke
Nezingane okuyisizukulwane sethu,
Ziyabulawa, ziyanyukubezwa
Koze kube yinini?
Omame nezingane benikela,
Imiphefumulo yabo,
Ezandleni zabantu ababathembile.
Izimpisi ezembethe isikhumba semvu.

*Ikhasi 66*

Lobu bulwane obungaka!

Ulunya olungaka!

Isililo esingaka!


Sothuliswa ubani?

Le mvula engaka yezinyembezi!

Kwanele sizwe sakithi!

Ake sibuyise Ubuntu!

Aluphele lolu dlame!

Sibalekele ulaka,

LukaMdali nabaphansi,

Asikhusele abathandiweyo bethu

Kwanele!

# Inkunzi isematholeni

Ikusasa lesizwe lisentsheni,
Kumele akhuliswe ngendlela,
Lama thole esizwe,
Afundiswe, akhuliswe ngokuyikho
Ukuze athole umkhombandlela,
Okuyiwo adingwa yisizwe.

Lama thole awancele,
Umbele ogwansile,
Umbele onomsoco,
Aze atshakadule.
Ukuze ahlome,
Ngezikhali ezidingwa yisizwe.
Nawo kumele azothe,
Alalele umthetho.

Inhlonipho, imfundo
Ukulalela izeluleko,
Nemithetho yezwe noMdali.

*Ikhasi 68*

Intsha, iyona eyokhipha,

Leli lizwe ebumnyameni,

Abaphambili bayidlalile indima yabo,

Ingcabha isisele kubo abasha.


Ayingaphangi umdaka,

Ayihlukane nophuzo oludakayo,

Izidakamizwa, ukuziphatha.

Leli lizwe liyobuswa ngobani?

Uma nigcwele emashibhini

Emakhoneni nibhema inyawupe,

Intsha yakithi ake ijike,

Izibambe ziqine,

Inkunzi isematholeni.

Printed in the United States
By Bookmasters